U0046686

王光祈譯

李鴻章遊俄紀事

中華書局印行

李鴻章遊俄紀事

（譯自俄國國務總理 Witte 筆記）

目次

李鴻章遊俄紀事

譯者敍言

此書乃譯自俄國帝政時代國務總理維特 Witte 伯爵之筆記。維氏（1849－1915）爲俄國戰前最負時望之大政治家，有『俄國財政界彼得大帝』之稱。當李鴻章赴俄訂約之時，維氏正任財政大臣；俄皇以其熟東方情形之故，特令彼與李氏談判，遂訂中俄密約。

維氏雖深信俄國實有世界帝國之資格，但同時却能深悉俄國內部各種弱點，故主張和平發展之政策；一方面設法聯絡中國，他方面則竭力促進內國經濟。但俄皇尼古拉第二與其他侵略派，則主張急進，以武力佔據中國土地。於是俄國之中，分爲和平急進兩派，互相爭論不已。

俄皇對於維氏個人，本來不甚喜歡，但以其理財能力與國外信用之故，又不能離彼。其後急進派終佔勝利，一九〇三年八月，俄皇遂免維氏財政大臣之職，而任以一種地位極爲崇高但無絲毫實權之部臣協會主席。迨日俄戰事（1904－1905）既終，俄皇欲以戰敗國資格而訂不割地不賠償之議和條約，因之，舉國無人，敢任議和代表一職。於是不得不起用維氏，任以赴美與日議和之責；其結果訂成有利俄國之和約。旋因俄國革命事起，舉國沸騰，俄皇乃根據維氏一九〇五年十月二十五日之報告，發表俄國有名之『十月宣言』。更以維氏爲衆望所歸，遂任爲俄國第一任國務總理。一九〇六年五月五日，維氏因保守黨大地主等等之反對，乃辭職而去。

從一九〇七年夏季起，維氏遂在國外，開始作此筆記，至一九一二年三月二日停筆，以後便未再續。記中所載，爲尼古拉第二執政時代至一九一二年止之俄國各種要政眞相。維氏係於一九一五年三月十三日去世。俄皇曾令人抄沒其稿件，急欲獲得此項筆記稿子一讀，但未被其覔着；蓋該稿係以他人名義存在法國 Bayonne 地方某家銀行，故也。直至一九二三年，此項筆記，乃以俄文印成兩册行世，一時甚爲風行。英德法美各國，皆有譯本。德國譯本，只譯其中重要各章，並未全譯；但亦有一大厚册。余所譯者卽係根據德文譯本，而且只擇其中四章之與中國有關者。其中前兩章，係李鴻章尙在俄國之時，後兩章則在李氏已回中國以後；但因此兩章中，仍與李氏遊俄時所訂密約，有多少關係，故本書取名『李鴻章遊俄紀事，』讀者幸勿以名實不符見責。

本書第三章中，關於旅順大連條約，維氏向李鴻章張蔭桓行賄一事，至今眞相不明。惟據友人中之研究當時史事者，則謂李鴻章似未收受此款；歐戰以後，清理華俄道勝銀行，其中曾有華人存款，而姓名不可查考，或卽係此項款子。但是此外又有人疑此項款子，係爲太后所得，云云。至於張蔭桓遣戍新疆之際，聞出京時，有向俄使索款之說，則頗跡近嫌疑矣。

中華民國十七年九月二日王光祈序於柏林南郊 Steglitz, Adolfstr. 12。

李鴻章遊俄紀事

第一章　與李鴻章談判並締結中俄條約

（俄文原本爲第二章）

當（俄皇）亞歷山大第三末朝之際，中日兩國關係，緊張達於極點；到了最後，彼此遂以兵戎相見。我們當時在遠東方面以及海參威方面之兵力，極爲薄弱。於是我們乃將海參威全體駐軍，調往吉林方面，以免中日軍事行動，蔓延北部，害及俄國領土及利益。當時我們所（能）爲（者，不過）如此而已。

皇帝亞歷山大郎於是時物故，中日戰事則以日本全勝而終。當尼古拉第二郎位之始，日本方面當將遼東半島全部佔據；其後該國與華議和，除獲得其他各種利益外，其最重要者郎爲合併上述半島全部一事。

此卽 Lobanow-Rostowski 侯爵接任外交大臣時節之局面。其時西比利亞巨大鐵路正在建築，差不多已到Transbaikalien區域之內，於是發生下列一個問題：究竟該路應該如何取道往下築去？將由我們領土 Amur 省中大繞其道嗎？抑或另取他道，利用中國領土滿洲北部嗎？

但是此項問題，實係無法解決；而且從未懸揣，我們或可得着中國准其穿過北滿之同意。

惟建築全部西比利亞鐵路一事，換言之，卽連絡海參威與歐俄之舉，乃係先帝亞歷山大第三遺囑，爲余受命辦理者；因此，余在一切政客之中，實爲唯一從事研究此項問題之人。更因余較其他一切人等，對於此事關係特重之故，所以余對此事考究特詳，了解特多。當時之人，確極鮮有能知中國究係何物，能識中韓日三國地理形勢與夫三國現在相互關係者。總而言之，我們社會方面以及最高官吏自身，凡關中國之事，皆係蠢無所知。卽新近任命之外交大臣 Lobanow-Rostowski 侯爵，對於遠東事務，亦復莫明其妙；如果當時有人向其詢問：『什麼是滿洲？何處是奉天省城？何處是吉林？』則彼之智識程度，只等於第二班中等學生。

Lobanow-Rostowski 侯爵乃係一位深有學識之人，一如余前此所言，凡有關於西方之事，彼蓋無不盡知；但對於遠東方面，却是從無興趣，一點也不知道。

當彼對於（外交）大臣一職，方正接事之時，而中日戰爭已以著名馬關條約告終。余對此約，認爲極與俄國不利。蓋日本由此獲得大陸方面一塊領土，直向我們逼近。我們沿海領域與日本國境，至今皆係以海間隔；而現在日本乃欲跑到大陸，築其利益基礎，同時該處大陸又爲我們最要利益之所在。因而此時遂發生一個問題：究竟我們對此，應持何種態度。

余在當時，乃係唯一從事研究遠東問題之人，皇上甚望俄國勢力大向遠東擴張，而且對於此種理想，特較其他各事注重；蓋因彼從前曾向遠東旅行，實爲初次感着自由不拘之樂，故也。但彼在當時，尙無一定目的（計畫），只是一種熱望衝動，覺得非向遠東前進取得土地不可，而已。因此，余曾從各方着想，對於中日和約，我們究應如何對付。蓋依照詳約，則遼東半島全境，皆將落於日本之手也。其後余遂決定下列計畫，而且始終堅持，卽對於俄國方面最爲有益者，實以鄰接一個强壯的但是不能活動的中國爲善。由此可以擔保俄國東方安寧，以及俄國前途福利。

於是，余遂覺得萬無允許日本竟在如此緊接北京之地，作其巢穴，並獲得如此重要區域之遼東半島，成爲優勢地位之理。其結果，余乃發出下列疑問：究竟對於中日和約之實行，是否應有加以阻止之必要。

因此，陛下允許召集會議，（討論此事）；此項會議係在新任外交大臣 Lobanow-Rostowski 侯爵臨時寓所之中，舉行。（原註：此寓所乃係彼的屬僚之住宅。）

會議主席，係由海軍大將 Alexei Alexandrowitsch 大侯爵擔任。與會者爲下列諸人：陸軍大臣 Wannowski 侍衞，參謀大臣 Obrutschew 侍衞，海軍代理大臣 Nikolai Matwejewitsch Tschichatschow ，以及余與外交大臣。

在此會議之中，余曾發言，謂俄國將在許多許多年月之中，皆以中國保持現狀，存在不亡爲有利。但於此必須盡力堅持，中國領土不可瓜分不可侵害之原則，云云。對於余之意見加以贊助者。只有 Wannowski 一人。Obrutschew 則對於比事之態度，頗爲隨便；蓋因其心時常皆在西方種種可能衝突之上，只是專意於此，（不問其他）。至於其餘與會之人，則無一定意見。

主席對此問題，並不加以表決，而另自提出下列一個問題：究竟將用何種方法，以使余之希望，見諸事實？余乃言曰：宜向日本提出最後通牒，謂我們對於害及中國領土不可瓜分不可侵害的原則之舉，不能承認，因此我們對於中日和約，不能表示同意云云。中國之所以承認該項條約者，當然係由於壓迫所致，蓋中國固居戰敗一方，故也。繼而余又言曰：日本既係戰勝國家，必須與以戰費賠償，應由中國方面，付以多多少少一筆大宗賠款。倘若日本對此加以拒絕，則我們只有出於積極行動一途。至於積極行動之方式如何，則此刻尚未達到決定時期；但余相信，到必要時，可以採用砲擊日本幾處港口之手段。

在於會議之中，余之見解主張及其實行方法，於是皆已具體提出。

但會議一番，仍無一定結果而終。蓋因會議之中，對於余之主張，固無人特別加以反對，但同時許多與會之人，却亦未曾特別表示贊成，故也。至於 Lobanow-Rostowski 侯爵，則終席不發一言。

關於此次會議情形，係由（主席）大侯爵奏報皇上；皇上於是召集第二次會議，卽在御前舉行，參與其會者，只有余與 Wannowski 將軍，Lobanow-Rostowski 侯爵，Alexei Alexandrowitsch 大侯爵，數人而已。將余之意見，再行陳述一遍。其他諸人或者絲毫不加反對，或者僅僅略持異議；結果，皇上准余所陳辦法，並命 Lobanow-Rostowski 侯爵加以實行。我們在此却當公認 Lobanow-Rostowski 侯爵，辦事手段之敏捷；彼立卽取得德法兩國同意，贊助俄國之要求。於是，不稍遲延，立由俄國直向日本提出最後通牒；日本被迫接受，並要求一筆大宗賠款，以爲遼東半島之補償。

我們俄國對於賠款高度問題以及其他問題，皆不加以過問干涉；我們只是堅持下列一種原則：即我們對於傷及中國領土完全一事，不能加以承認，是也。由此，馬關條約，乃得成立。關於割讓（遼東）領土一條，改用賠款代之。

同時，余與中國方面接洽，並自願代籌一筆巨債。當然，此種巨債決非僅靠中國信用所能籌集；因此，俄國方面，乃代中國作保。換言之，此項債款之擔保，應該首由中國關稅收入，其次則爲中國全部財產；但中國方面一旦無力支付之時，則俄國方面卽當力負此項債款安全之責。此外，余對於此項中國債款一事確亦着手進行，而且在巴黎市場方面。其參加者爲下列數家銀行：Banque de Paris et Pays-Bas, Grédit Lyonnais, Hotinguer。上述各家銀行代表，特因此事，前來聖彼得堡。彼等並以此次代余辦理債款功績之故，求余幫助彼等，發展在華銀行事業活動，以促進法國該地市場。

因余個人努力經營，以及上述各位法國銀行家請求之故，於是由余建立俄華銀行（？）一所，其中實以法人資本爲主。最初之時，我們國庫方面，亦爲該行之主要股東，但到後來差不多完全脫離。自不幸的俄日戰爭以後，我們在華威信，損失極爲不小。此項由余組成之俄華銀行（？），其中法國銀行方面，俄國方面，以及中國方面，（原註：中國資本，頗屬不少。）皆有股份在內。自不幸的（俄日）戰爭以後，以及余離財部以還，該行大爲衰落。現在該行已與北方銀行（？）。合併，於是成立一個新行，名爲華俄道勝銀行（？）。當其我們既向中國表示如此重大贊助以後，於是其時甚與皇上接近之 Uchtomski 侯爵，因而特往中國一游；以便一方面對於中國情形，加以較深了悉，他方面對於中國政治家，得以彼此相識。

當陛下加冕大禮時期將屆之際，各國派遣代表來俄，一如向來習慣。此項代表，大部分皆係各國皇室中人，或者高爵顯宦。中國代表則爲李鴻章，乃係一位極爲超羣之政治家；其時正任中國最高職位。因此，派彼參與加冕大禮，乃係中國對於我們幼主，特別表示感謝之意。

其時我們西比利亞巨大鐵路，業已築至 Transbaikalien 。現在我們必須加以決定，究將如何往下築去。當然是，余遂想到，宜將該路一直築至海參威並取道蒙古以及北滿地方；由此則該路之築成，將特別迅速，由此則西比利亞鐵路確成一種世界交通大道，將日本及遠東全部，直與俄國及歐洲方面相聯。

關於此項問題，當用和平方法，以達目的，並用雙方商務利益之言爲號召。余對於此種思想，誓以全力赴之；並囑 Uchtomski 侯爵辦理此事。余亦曾有機會，得向陛下奏陳此事。惟其間 Badmajew 博士適有故鄉 Burjaten 部落一帶之行，彼甚希望該路一直經過 Kjachta，逕達北京。彼對於聯絡海參威之舉，認爲不關重要。余對於此種思想，當然不能附和。第一，因余對於聯絡海參威一事，認爲極有必要。第二，余更據理預料，此項直達北京之辦法，定將引起全歐反對我們。

而且西比利亞鐵路之通行，——依照皇帝亞歷山大第三理想，——完全不是軍事政治的，乃是純粹經濟的性質，僅與內政一面有關而已。蓋皇帝之意，欲藉該路，以使我們沿海國境與其餘俄國各地，直捷聯絡。換言之，所有此項巨大西比利亞鐵路，其在皇帝亞歷山大第三眼中以及皇帝尼古拉第二眼中，只有一種經濟的意義，只算一種純粹防禦的而非侵略的手段，尤其是該路決不用作任何將來征服行爲的工具。

當 Badmajew 博士到了蒙古以及北京之時，行動極爲蠢笨含糊。其結果直至 Uchtomski 侯爵方面以及後來余之方面，無不與彼完全斷絕關係。蓋因我們覺得其人實係一位聰明而狡詐之騙子，是也。

當其李鴻章既已由華啟程，（原註：此係彼之初次外國遊歷。）不久卽將行抵蘇彝士運河之際。余乃向皇上言曰：倘若 Uchtomski 侯爵能到蘇彝士運河與李鴻章相晤，當極有益；蓋該侯爵前此曾與李氏相識，而且關係甚好，故也。而且余對此舉不僅認為有益而已，簡直認為極感必要；因余曾經聞知，其他各國，尤其是英國德國奧國，亦復甚為努力，設法吸收李氏。彼等希望李氏取道歐洲，然後前往聖彼得堡；余則極願李氏先行來到俄國。蓋余明知，若彼先赴歐洲，則彼勢將深受歐洲各政治家種種詭計之影響。

陛下准余所請，並命 Uchtomski 侯爵與余詳議，往彼相晤之舉。

但皇上希望辦理此事，切勿惹人注目。於是 Uchtomski 侯爵先行前往歐洲，然後乘搭某船（原註：大約在馬賽。）駛向李氏而去，遂遇彼於船出運河之際。其後李氏不顧所接歐洲各國政府請帖，決計偕同全部隨員，以及 Uchtomski 侯爵，共乘我們『俄國航業商務公司』的輪船，為余早經準備者，一直前往（黑海北岸）Odessa 而來。

因 Odessa 為李鴻章所到的第一個俄國城市之故，余遂以為彼在該處應以相當敬禮招待。於是余乃將此奏明皇上，並請若能按照李氏位分，採用軍事敬禮，列隊迎接，並使李氏由此得覩我國軍容，當甚有益，云云。皇上准余所請，並手諭陸軍大臣 Wannowski 照辦。但余在此處却大碰官僚派妒忌習氣的釘子。在（陸軍大臣）Wannowski 侍衞處如此，在（外交大臣）Lobanow-Rostowski 侯爵處亦復如此。Wannowski 侍衞既奉上諭之後，乃用函答余，略謂，對於採用軍事敬禮一事，彼誠然遵諭照辦，但彼甚欲一知，究竟從何時起，余在陛下之處，作此干預關於陸軍事件之舉，蓋關於軍事敬禮事件，乃係陸軍大臣之事，非財政大臣之事也，云云。至於 Lobanow-Rostowski 侯爵，則希望李鴻章即在 Odessa 駐下，一直至於加冕之時；或者先到莫斯科，並在彼處候至加冕時節；總之，無論如何，不要逕來聖彼得堡；蓋在加冕之前來此，對於李氏，毫無意義，故也。

但是，李鴻章既已不顧他國所遞加冕以前先游歐洲之請帖，一直取道 Odessa，前來俄國；而彼之來此，又係我們特別派遣 Uchtomski 侯爵往迎所致；此外假如我們欲與李氏有所接洽，必須先在加冕以前爲之；蓋加冕時節，每日皆爲各種慶會所佔滿，實難得有機會，與彼接洽，故也。

因上述種種情形，余必須再向皇上奏明呈請，關於李氏直接前來聖彼得堡之事。

於是皇上不顧 Lobanow-Rostowski 侯爵之異議，允許李氏直向聖彼得堡而來。余乃下令特派專車，迎載李氏前來聖彼得堡。皇上命余擔任與李接洽之事。因此 Lobanow-Rostowski 侯爵遂與李氏未有接洽；而實際上該侯爵亦不能擔任接洽之事，蓋彼當時對於此項事件，固一無所知，而且對於我們遠東政治問題，亦復絲毫不感興趣，故也。

李鴻章首先前來財部，向余正式拜謁一次。隨後余卽向彼回拜一次。自此以後，我們又復見面數次；於是開始協商中俄兩國關係之彼此諒解問題。

自始卽嘗有人告我，若與中國大臣接洽，千萬不要着忙，因彼等對於此種着忙舉動，認爲不是良好現象，故也。因此，必須十分緩慢進行，並用各樣中國禮節，加以點綴。

因此，當其李鴻章前來訪余，走入客廳之時，余乃身着禮服，上前迎接。我們互相問候，極爲繁重，彼此鞠躬，極爲深低。於是余遂導彼來到第二客廳之內，並命人擺上茶來。余與李氏係坐着，而彼之隨員以及余之屬吏則皆站立。余乃詢問李氏，是否願意抽煙。彼於此時，遂發出一種聲音，有如駒嘶；立刻卽有兩位華人，由旁室之中跑來，其一手攜烟筒，其一則持烟草。於是開始抽煙之禮；其儀式乃係李氏靜坐於此，只是一呼一吸；而用火點煙，掌握煙筒，取筒出口，送筒入口，諸事，則皆由旁立左右之華人，敬謹爲之。李鴻章之意，實欲用此抽烟之禮，使余深得一種印象；但余之態度，却故爲沉靜，一若對於種種舉動，全未加以注意也者。

當然，値此初次拜謁之際，余無一語及於政治事件；我們不過互相問候數十次，彼問詢皇上健康情形，皇后健康情形，以及每個皇子的健康情形。余亦探詢 Bogdychan（滿洲皇上）之起居，以及一切皇室近親之安康。此卽第一次見面時節談話內容之全部。

在第二次會面之時，李氏對余，卽已較爲熟識。因彼現在察知，一切儀式皆不足使余得着特別印象之故，彼遂不復爲此，而且忽然開始縱談不已。尤其是後來在莫斯科之時，彼此漸爲親近，於是我們之交際情形，極爲簡單與自然。

余之職位關係，嘗使余得與許多大政治家相識，而且其中並有數人乃係歷史上之不朽人物。在此一切大政治家之中，李鴻章之風度，却使余所得印象特深。此次眞可稱爲一位大政治家，當然是一位中國人，絲毫未受歐式敎育，但在他方面却深具中國學識，尤其是具有一個極爲健全明白之頭腦。彼在中國歷史及政府之中，關係極爲重大，蓋在實際上，彼可算是眞正統治中國者也。

現在余遂動手，向李游說，我們對於中國如何十分盡力，得使中國整個存在；蓋因我們曾將中國不可侵害之原則，向衆宣布，故也。我們並將永久堅守此項原則。只是我們必須得有相當機會地位，如遇必要情形之時，始能實力幫助中國。但在我們未有一條鐵路備此需用以前，則我們其勢無從幫助；蓋我們所有兵力，皆在歐俄方面，而且必須常駐該處，故也。

因此之故，如遇必要之時，我們軍隊必須一面能由歐俄方面，一面能由海參威方面，出發前往。當其中日戰爭之際，我們曾調遣軍隊由海參威方面開往吉林方面；但是此項軍隊尙未行抵吉林之時，而中日戰事業已終了；此無他，缺乏交通大道，故也。此外，因爲我們編製 Amur 境內軍隊之故，所有新兵必須由彼運來，然後又運回去。因此爲保護中國安全計，我們第一必須先有一條鐵路；而且該路必須最爲直捷以達海參威方面，如此則非穿過蒙古北部以及滿洲境內不可。並且該路對於經濟方面，亦復極感必要，蓋中俄兩國產品，由此可以增進。最末又言，——其後此言果爲事實所證明，——該路當可不會引起日本猜疑；蓋因此路在實際上，確使日本由此得與全部西歐聯絡，故也。更因日本著名的效法歐洲文化，至少對於文化外表與其一切工藝盡力吸收，則該國對於此路勢當甚爲歡迎無疑。

李鴻章當然安排着種種困難；不過余就談話情形觀之，覺得彼固具有允許之意，若彼看見我們皇上果有希望此事之心。因此，余乃奏明皇上，若能接見李氏當極有益。

皇上於是接見李鴻章，但含若干私人性質；各種公家機關報紙，對於此種接見之舉，從未有人提及；此次接見之事，遂無何等聲張，安然過去。

余記得十分淸楚，在加冕以前，曾因某事舉行朝賀，而且在 Zarskoje Selo 宮中，恭向皇上敬致慶意。（原註：此事在皇上前往莫斯科以前。）每有敬致慶意之舉，則列席諸人，照例當作鵝式魚貫前行，直向皇上而進。當余接近皇上之時，皇上遂向余握手，天顏爲之開展，更以細語向余言曰：『李鴻章曾來朕處，朕已將此事告彼。』

於是，余與李氏晤談，我們對於所有各點，皆歸一致，乃將中俄密約各項原則規定如下。

（1）中國方面允許我們建築一條鐵路，經過彼之領土，由赤塔筆直到海參威。但該路建築必須屬於私人會社經營。李鴻章對於余之主張該路由國家建築，或者該路屬於皇室與國家一事，絕對不能同意。因此之故，乃特組織『中東鐵路公司』一所。此項公司無論從前與現在，均是完全惟政府之命是聽；但因彼係私人公司性質，更因一切私人公司向來僅受財部監視之故，所以該路職員，均非國家官吏；乃係或與私人鐵路公司職員相等，或者奉命派往該處，其性質略似交部所屬道路技士之服務於歐俄方面各種私人鐵路公司者。

（2）所有沿路地帶，應由我們獲得，其寬窄以鐵路交通所需為限。換言之，便是一種沒收。我們在此沒收地帶之上，具有主人資格，土地亦復屬於我們，我們可以隨意處置管理，我們可以派遣本國警察保護，此卽後來所謂『中東鐵路警衞隊』，是也。

該項沒收地帶，應以鐵路必需者為限，而視為俄國之所有權，說對一點，而視為中東鐵路之所有權。至於鐵道路線尚待確定，但無論如何必須多多少少筆直的由赤塔以達海參威。中國方面對於鐵路建築及使用，均不擔負任何危險責任。

（3）他方面我們負責抵抗日本一切侵略中國土地之行動。因此，我們遂與中國方面結成一種對日防守同盟。

上述種種，卽爲我們與李鴻章方面協商一致之重要原則。

其時前赴莫斯科舉行加冕大禮之期，日益接近。

李鴻章隨帶全體侍從，以及奉命護彼之俄吏，前往莫斯科。

余乃將與李會議之結果情形，奏陳皇上。皇上隨卽授余全權，命與外交大臣 Lobanow-Rostowski 侯爵接洽。

余遂往晤 Lobonow-Bostowski 侯爵，告彼余已奉委全權之事。（原註：彼當然早已知道。）並言余與李氏已將所有各點，協商一致；但是僅係口頭約束，現在須將此種口頭約束，應用書面確定。

此際 Labanow-Rostowski 侯爵，遂以其天生材幹，使余不勝驚訝。於是彼乃向余言曰：『請將君所辦到之事，詳細依次見告。』

余乃將我們約中各點，詳細的，有統系的，一一告彼。

當 Lobanow-Rostowski 侯爵既聞余言以後、彼乃提筆盡將全約各點，一一寫就。迨余誦讀之下，見其所書之詳細有序，實使余驚訝不已。蓋 Lobanow-Rostowski 侯爵將余所言一切，皆用極爲超卓適當之詞記下，故也。當彼將其所書，給余觀看之時，乃謂余曰：『請君誦讀一遍，是否已經很好，或者君尙欲改正一二。』余遂答以毫無可加改正之處。蓋彼將一切寫得如此超妙，彷彿彼曾親自與李接洽一樣。余並謂倘使余自行書此，則所需時間，必將較彼爲多，或者尙不能寫得如此簡要云云。其後 Lobanow-Rostowski 侯爵向余言曰：明日彼將往謁皇上，並將此項草案進呈；倘若皇上允准，彼卽將該項草案寄余。

次日，余從侯爵處得到草案，其間使余大爲驚詫者，卽其中有一條已經更改。按該條原來係謂我們與中國結成一種對日防守同盟；倘若日本攻擊中國地方或我們海疆，則我們及中國當負共同抵禦之責，云云。

現在此條業已成爲普通化，不復專指日本，乃係泛言，倘中國領土或我們Amur區域，如被任何一國攻擊之時，則我們及中國當負共同抵禦之責。

該條如此措詞，乃使余陷於不勝驚駭之境。蓋我們與中國結成防守同盟，究係僅僅對待日本，抑係對待一切國家，實有天大區別，故也。中國與英，以其彼此相隣之故，亦有種種交涉；該兩國間時常發生意見，並有永久爭端。（原註：譬如關於西藏之爭端，一直繼續到今。）其次，中國對於我們盟國法蘭西亦有種種交涉；蓋法蘭西據有安南東京，故也。此外尚有其他歐洲各國，據有租界以及其他權利等等。因此之故，我們擔任保護中國以抗列强襲擊一事，不僅是勢有不能，而且是倘若該約訂成之後，爲任何一國探知，則許多歐洲國家，勢將羣起反對我們因是，余立刻往謁皇上。並言 Lobanow-Rostowski 侯爵既聞余述與李交涉的結果以後，曾草成條約一件，並給余誦閱；當余閱後，隨卽加以贊成。但是現在此約之中，已有一條，加以變更，而且變更的十分危險。

皇上已領解此意，並謂余曰：『君可往見 Lobanow-Rostowski ，向彼告知此事，並令彼依照前此所書者書之。』

余乃向陛下言曰：余對此舉，頗有難行之處。蓋以 Lobanow-Rostowski 之年紀而論，可以當作我的父親；以其在職年限而論，亦遠較余爲久；更加以此次一切與李會議之事，又皆係余擔任；倘若現在余將該侯爵所辦理者加以改正，則將謂余有意侮彼，並使彼對余仇視。余對彼當然無所用其恐懼，但終覺此舉，十分爲難。倘若陛下一願屈尊，自向侯爵言之，則實較妥善多矣，云云。

皇上遂言：『朕將自行向彼言之。』

未幾，我們全體均赴莫斯科，舉行加冕之禮。余在陛下之前，先到莫斯科；而李鴻章則更是在余之前，已到該處。余之全部時間，皆爲關於加冕事件之種種公宴所佔去，但余對於李鴻章，却未嘗加以怠慢。因余以爲自我作始之談判，必須令其妥爲結束，實屬非常重要，故也。

當其帝后車駕旣入莫斯科以後，聖眷依照舊俗遷居 Neskutschny Park 宮中。隨後，余卽往謁陛下，有所陳奏。

當余方正上前啓奏之際，而皇上已屈尊語余：『朕曾與 Lobanow-Rostowski 侯爵晤談，已將朕意告彼；謂與華同盟抵禦外來攻擊一事，若不限於日本，兼及其他各國，則實對於我們，甚爲不便云云。該侯爵於是完全贊成，並允將草約中之此條，由彼自行更改，換言之，該約將照君之原案，加以改進。』

皇上向余，言得如此確切，使余深信不疑。自與皇上談話之後，余嘗數次遇着 Lobanow-Rostowski 侯爵，但余二人對於茲事彼此均未談及。

余與李鴻章繼續往下談判。並欲與彼除了此項重要條約，我們獲得建築鐵路，直達海參威的權利之外，再行結成一種中俄友誼與防守條約。因爲中國係將築路權利給與私人公司之故，余遂決計，此項權利應行給與俄華銀行；蓋該行此時業已成立營業，故也。因此，現在所應設法者，即一方面由李鴻章代表中國允許建築中東鐵路之權利，並將此項權利授與俄華銀行。他方面同時俄華銀行又用特別手續，將此權利移交中東鐵路公司。此事之所以如此辦理者，因爲在中國皇帝批准中東鐵路權利之前，中東鐵路公司尚不能組成，則李鴻章當然亦不能將此築路權利授與尙未成立之中東鐵路公司。而中東鐵路公司之組織，又必須待至此項權利完全有效之時方可。但是現在此項權利尙未完全議定，而且與李鴻章方面磋商，亦不能十分迅速議定；蓋其中已有種種細目問題，須加以多少仔細整理。不過余之手中甚欲執有兩項文件：其一，爲中俄密約，依照該約，中國方面應允給與一家俄國公司，建築中東鐵路，經過蒙古滿洲之機會。其二，則爲中國政府與任何一家俄國公司所結關於建築鐵路之合同。於此最爲適當者，自然首推俄華銀行。但是僅僅如此，該行尙不能利用此種極有價值之權利。余乃同時準備一種草約，以與該行相訂。按照該約，所有全部事宜，應由該行移交中東鐵路公司。而且此項公司之組織，應由俄國政府任之。於是首應從事者，卽係先與中華帝國主要大臣全權代表李鴻章訂立一種密約。因此先行定下一個訂約日期。俄國方面全權代表則爲 Lobanow-Rostowski 侯爵與余兩人；中國方面全權代表則爲李鴻章，蓋彼其間已奉北京來電授與畫約全權，屆時同到外交大臣寓所，依照普通習慣儀節，採用一切正式手續，將約畫押。此種條約照例書在特種紙上，格外小心美麗抄寫。其次卽由各位全權代表畫押，簽名之下，更附以全權代表圖章。

到了預定日期，我們齊到莫斯科外交大臣寓所；該寓所係在加冕期間，特爲外交大臣租賃者也。一方面爲俄國全權代表與其屬吏，他方面則爲李鴻章與其全部侍從。

當其我們彼此聚首，圍坐棹旁之時，Lobanow-Rostowski 侯爵乃向我們言曰：此項行將簽押之約，非常重要。此約內容，所有全權代表，換言之，卽是彼與我以及李鴻章三人均已深悉，所以無須再行誦讀。並曾交給李鴻章之同事諸人閱看，彼等當已向李稟明。其中各條皆係精確按照約定所書，並經書記審查，我們只須畫押簽名而已。又李鴻章之同事（諸君），或欲再行審讀一遍，亦未可知。

照例，此種條約共應簽押兩份；其一爲我們方面保存，其一則爲相手方保存。因此，其中一份交與李鴻章之同事，以便其審閱；其他一份則由余加以審查。蓋余欲藉此察驗，究竟關於我們負責捍衛中國一條，是否一如初次草稿所擬；換言之，我們負責捍衛中國，只以日本攻擊爲限。

余忽然看見該條，使余驚該萬分；蓋其中詞意，非如初次草稿所擬，乃係按照後來 Lobanow-Rostowski 侯爵所改擬者。

因此，余乃走近 Lobanow-Rostowski 侯爵身傍，請其暫到側邊，低聲向彼耳語：『侯爵，該條並未修正，一如皇上所希望者。』蓋余以爲該侯爵乃係故意如此爲之。但其間使余不勝驚訝者，忽見該侯爵以手摸額，並且言曰：『啊呀，上帝！余忘去吩咐書記應將該條依照初草稿所擬，改寫。』但是彼卻未嘗絲毫狼狽失措，彼只將時計一看，業已十二點一刻。於是彼乃拍掌數下，立刻卽有侍役上前，彼遂言曰：『擺上早餐』。蓋原來預擬簽押完竣之後，卽在彼處早餐，故也。

於是該侯爵乃向着李鴻章以及其餘在場人員，言曰：『現在已是十二點以後，我們先吃早餐，否則食品將寒；一俟吃完之後，再行簽押。』

因此，我們全體前去早餐，只留書記二人，利用我們飲食期間，重將條約改寫一遍，而且按照，前在聖彼得堡時，該侯爵依據余之報告所草成者。是以吃完早餐之後，棹上所放之條約，已改寫完畢，但在實際上卻是最初所擬詞義之下，加以簽押。

該項條約實係一種極爲重要之事件。假使我們能始終守約不渝，則我們俄國可以省去一場十分可恥的日本戰爭，我們至今猶能穩立在遠東方面。

惟此後余將尙有機會再行紀述者，即我們自己將此條約違背。一半出於悪意，一半由於輕率。因而竟使我們在遠東方面，陷於如此地位，直至今日未變。

條約既結以後，遂由中國皇帝與俄國皇帝批准。該約實應作爲所有我們對華關係，所有我們遠東地位之基礎看待。

李鴻章於訂結條約以後，一直留至陛下離開莫斯科之時，余常有機會與彼會晤，或者彼來謁余，或者余往謁彼。李鴻章寓在一所私家房屋之內，乃係以彼代表中國皇帝之資格，特別爲彼租賃者也。

彼漸與余相習，因此，彼每値余在場之時，已不復擺弄所有中國各種愚蠢（架子）。彼常有幾個衞兵在側。但是所謂衞兵，在中國方面之意義，略與我們不同。我們所謂衞兵，乃係崗兵警士，用來保護其人之身命與健康，以防各種惡意襲擊。至於中國所謂衞兵，則係謹細服侍其人之身體，因此常在左右不離。早晨則爲彼穿衣，晚上則爲彼脫衣，日間則爲彼按摩，擦以各種香味藥油。總而言之，彼輩乃係專爲服侍其人之身體者。而且李鴻章甚至於當余在座之時，往往竟令衞兵從事若干此類行爲。

有一次余在李鴻章處，忽報（土耳其斯坦）Buchara 王公（Emir）車駕訪謁。李鴻章立刻整飭美觀，嚴肅坐在椅上。當其 Buchara 王公與其全部侍從走入客廳之時。李氏本係坐在該廳之內，於是起身向着來賓前行數步，並致問候之辭。

因爲余與彼兩人皆係熟識之故，所以未曾離去，卽與彼等共坐該處。Buchara 王公見李之自大態度，頗覺被其侮辱。因此特向李氏聲明，彼爲一國元首，此次所以前來拜謁李氏者，乃係尊重中國大皇帝之故，云云。該王公在此全部拜訪時間之內，只向李氏詢問（中國）皇帝以及太后的起居；而對於李鴻章的起居，以及李鴻章這個人，則簡直毫不關心。此種舉動對於素講儀式之華人，當然認爲十分侮辱。

至於李鴻章方面，則所有全部時間皆只是詢問該王公的宗教一事。李並向彼聲稱，中國人乃係謹守孔子學說者。而且李氏語語不離宗教，總是歸到該王公及其人民所奉究係何教之問題。於是該王公乃向李言曰：彼係回人，因此所奉者爲謨罕默德所建立之宗教信條；並將該教內容，加以解說。

解說之後 Buchara 王公卽行起身，而李鴻章——或係彼的自己主意，或係由於旁人告彼，——則將該王公件至車前，而且李氏舉動態度，好像在此 Buchara 王公之前，不禁變成十分卑小一樣。

余乃暗思，你看，Buchara 王公給與李氏之印象何等深大。該王公不過僅僅表示彼爲一國元首而已。

當其該王公業已坐入車中，車身方正開動之際，李鴻章忽然大呼一聲。於是車子復歸停止，時有俄國某軍官係任該王公之翻譯。同坐車中，乃詢曰：「請問，有何見教？」

於是李鴻章言曰：『卽請轉語王公，余有一事忘去告彼，此時方纔想起。彼之開宗祖師謨罕默德從前曾在中國。其後因罪被罰，揭示於衆，並將彼逐出中國。大約彼卽偶然竄入該地，並爲伊等建立宗教。』

此舉之出人意外，竟使Ｂuchara 王公對於如此結局，一時昏惑不知所措。至於余之方面，則十分明白，此乃李鴻章對於該王公做出元首自大樣子之報復手段。

於是李鴻章十分滿意，回到客廳。因爲其時業已不早，余乃辭彼歸家。

假如我們一閱當時官式報紙消息，則將覺萬事皆有記載；譬如對於各國元首之到臨，對於一切重要人物與其代表，對於皇上如何接見彼等之情形，以及彼等加冕之後離開俄國告辭皇上之情形，等等，……皆由政府公報加以記載。總而言之，所有此等貴賓及陛下之一舉一動，皆有官式報告。其最少爲人提及者，當爲李鴻章氏。彼在聖彼得堡與莫斯科兩處之被皇上接見，以及加冕事畢，彼從莫斯科回來之後，再被皇上接見，均未嘗爲人道及。對於該項十分重要之中俄密約，更無一字洩漏；其中只有一部分可令歐洲方面知道者，卽中國曾經給與俄華銀行建築中東鐵路之權，以便延長西比利亞鐵路，是也。蓋此舉實際上不能隱瞞，因爲實行莫斯科條約則中俄兩國代表勢必對於建築中東鐵路之權利，加以確實規定，故也。所有關於此項權利範圍之解釋，以及我們由此所欲達到之目的，等等，皆由余一一告述余之財部屬員 Peter Michailowitsch Romanow 辦理。該員乃係一位極爲超卓熟練之官吏，已於前數月在Zarskoje Selo 物故。彼爲參院議員，並任該院預算委員會主席，（原註：係投票選出。）——在中國方面擔任起草辦理此事者，則爲聖彼得堡方面之駐俄華使，此人並同時兼任柏林方面之駐德華使一職。通常習慣，一年之內，冬春兩季，彼在聖彼得堡，夏秋兩季，則在柏林。現在關於此項權利事宜之起草商決，既恰在夏天之際，所以 P. M. Romanow 特赴柏林，依照余之訓令，與該華使，共同商決此項草案，其後此項草案遂由中俄兩國政府加以批准。

余自己不能辦理此事，因爲加冕之後，余必須前赴 Nishnij-Nowgorod所開之展覽會，故也。其後余又必須前往Wolga，因當時該處政府，方正採行白蘭地酒專賣辦法，故也。余在財政大臣任內，每遇各地政府採行白蘭地酒專賣辦法之際，余無不前赴該地政府，加以考察，究竟此種改良辦法成績如何，以及將來處置此事，所應取之一切手段。

第二章　加冕——Chodynka——與日締結高麗條約

（俄文原本爲第三章。）

余不願詳述因莫斯科加冕大典所發生之一切慶祝宴會等情形，亦不願詳述所有依照舊俗先期制定之一切典禮狀況；——余所欲談者，乃係一種可悲可痛之事變，在禮單之上所未有者，是卽所謂 Chodynka 事變是也。

通常習慣，每當加冕之後，特爲國民舉行大慶一次；並由皇上頒贈人民物品，其中大部分，或者可以說全部分，皆係食用物品；換言之，卽是一場羣衆大宴，並用皇帝名義，加以款待。

其後，則在離城不遠之郊外大場，舉行各種民間游戲。通常，皇上往往親身前去，一爲觀察，究竟彼之人民，所受款待如何，快樂情形如何。

是日人民皆已趕赴該處，皇上亦將於午間來此，參與音樂大會。該會係由巨大樂隊組成，爲著名之樂隊指揮者 Ssafonow 所指導。該隊並將演奏一篇特別樂章 Kantate，係專爲加冕大典所譜製者。從清早起，此種款待人民之舉，卽已開始進行。

當余方正命駕前往登車而上之時，忽聞人民聚集慶會之 Chodynka 大場，早晨曾發生一種大禍；蓋因該處人衆擁擠不堪，其結果竟至踏死擠傷人數，計有兩千之多。

在此印象之下，余乃乘車直赴 Chodynka 大場，所有其他往赴大慶之人，其心情亦復如此。余之腦中則更苦思不已，究竟此種擠成殘廢之人，應將如何處置？此種被擠而死之屍，應將如何安排？究竟此種尙未死去之人，是否已經分送各種醫院？此種屍首能否移往他處，以免其餘羣衆，皇上，外賓，以及成千之侍從，看見？繼而余又思道：皇上是否因此大禍之故，將令該處慶禮改爲喪禮，不開音樂大會，而設立祈禱大會？

當余行抵該處之時，却已不見何種特別痕迹，彷彿未有此種大禍一樣。蓋早上之時，已將一切移開；所有各種痕迹，皆已掃滅乾淨；眼睛之中，實已一點不能看見；凡遇可以察出大禍遺跡之處，皆設法加以遮掩粉飾。但是凡往該處之人，當然心中腦中，皆有此項大禍一事，固無不立於此種印象影響之下。

李鴻章亦復偕其侍從乘車前往該處。當彼走到演臺之際，余乃趨前與彼相見；彼遂向余問詢，而由彼之譯官轉譯，（原註：因爲李鴻章只會說中國話之故，所以我們交際，常用譯官轉譯。）『發生大禍，死傷兩千之事，果眞確實嗎？』

因李鴻章似已盡知詳情之故，所以余雖心中不願，却仍答道：『不錯，確有此種禍變？』

於是李鴻章復又問道：『請君語我，此種禍變，是否當然不向皇上詳細奏報？』

余乃言曰：『此事當向皇上奏報，毫無疑義；余個人並相信，此項禍變發生之後，皇上卽已立刻聞知一切。』

於是李鴻章連搖其頭，並謂：『你們政治家眞是毫無經驗之人。請看，當余身任北洋大臣之時，該處曾發生大疫，死者萬人。但余却時常上奏皇帝，該處一切均屬照常無恙。當其有人向余問道：尊處有無染疫之人？——余乃答曰：毫無染疫之人，所有居民健康，完全如故。』

李鴻章言至此，似乎作一段落，隨又言曰：『請你說一說，我何苦將此本省人民死亡之事，以使皇上憂心？倘若我係你們皇帝的官吏，我定將一切隱晦不報，何苦去使他怪可憐的來憂此事？』

余聞此語之後，乃自思道：我們究比中國進步。——未幾，各大侯爵與皇上之駕到此。其間使余驚訝者，即此次慶禮並不取消，仍按照原來計畫次序進行。音樂大會仍在著名的樂隊指揮者 Ssafonow 之下舉行。大家均做作好像沒有此次大禍一樣。只是皇帝臉上現有若干憂色。余相信，倘若皇上依照自己情意行事，則所有此次慶宴，或將根本撤消，而代以祈禱大會。但是彼一定曾受他人不良慫恿；而且用不着特別推測，即知此種慫恿係由莫斯科總督 Sergei Alexandrowitsch 大侯爵爲之。該大侯爵曾娶皇后之妹爲婦。彼在當時，以至於彼之死亡，實爲最與皇上接近之人，極使皇上受其影響。

大家雖然決計對此可怕大禍，不願加以聞問，不願加以注意；但在莫斯科方面，自然仍是引起一種特別景象。——亦與平常一樣，在上層方面則引起內廷黨派相爭，引起許多奸計詭謀。

至於我們若究此種禍變何以發生，誰應擔負其咎，則可以立刻尋出答案；即是，缺乏組織，乃爲一切禍根，實無人應負其咎。

當時莫斯科警察長爲 Wlassowski 上校。其人曾任波羅的海某城警長之職。（原註：似在 Riga。）後來彼以具有魄力萬事不怕之考語，被人薦與大侯爵。換言之，其人似乎甚爲勝任維持莫斯科秩序之責。彼之前任則爲 Koslow 將軍，乃係一位極爲端正之人，但其性質却不適於『警察資格』。

Wlassowski 之態度，（原註：就余所已領教者而言）乃係屬於一流人物：即是，我們對之，只須用眼一望，接談十分鐘，即可知道其人爲何如。如此一流人物，卽俄語所稱爲 Cham（原註：光棍，騙子，）者，是也。其人所有全部空閒時間，皆消磨於飯館酒會之中。乃是一個狡

許的小子 具有一副應打嘴巴的面孔。——在莫斯科警廳之中，彼曾採用通行賄賂之法，並且定爲成例。從表面上看，彼似乎眞正能將莫斯科秩序維持幾分。此外，彼更是善於順人意旨；所有 Sergej Alexandrowitsch 大侯爵署中之人，與彼周旋，並不視作一位正經人士，乃是當作一種 Cham 看待。彼對於大侯爵署中一切(好劣)委託，無不敬謹奉行。

該警察長現在於是宣言：所有關於(hodynka 大場之一切安排布置，一切游戲設備，一切款待事宜，皆由內廷大臣辦理。因此，警察方面對於場中布置，未嘗參與，所有一切皆屬於內廷大臣權限之內。反之，所有場外秩序，凡與警察職權有關者，蓋無不井井有條，並未發生任何事變禍患。至於此次死傷如許衆多之禍變，其發生之原因，乃係羣衆爭獲皇上賞賜，因而擁擠不堪，以致被壓受踏者，竟有兩千之衆，其中婦女小孩不少。

其在內務府代表方面，則又宣稱：彼等誠然承辦關於散給賜品設備遊戲之事，但對於場上秩序之維持，則非屬彼等權限，乃係莫斯科警察之職。其間如有紛亂情事發生，則其咎不在內務府方面，而全在警察廳方面。

莫斯科總督 Sergej Alexandrowitsch 大侯爵當然力代彼之警察辯護。向使莫斯科總督一職，非係該大侯爵擔任，而係他人擔任，則對於此次事變，莫斯科總督當然爲第一負責之人：其次則爲內廷大臣 Woronzow-Daschkow伯爵。

Woronzow-Daschkow 伯爵，在先帝亞歷山大第三之時，卽已身任內廷大臣。因爲彼之地位關係，嘗於幼主方面享有一種特別聲望。此次彼對其屬僚，亦復同樣袒護。彼謂此次事變，究與彼等（內廷人員）何關？所有過失皆在莫斯科官署方面，尤其是（該地）總督。

在此相反主張之下，範圍日益擴大，於是不久成爲兩個黨派：其一，則爲 Woronzow Daschkow 伯爵一派。該伯爵曾深得已寡皇太后 Maria Feodorowna 之寵幸，固爲世人所知；而太后當時對於皇帝方面，猶有極大勢力，於是該派不畏勞煩，永遠堅謂，所有過失皆是只在莫斯科警察一面，其他一派分子則屬於下列一流人物；卽彼輩認爲袒護Sergej Alexandrowitsch 大侯爵方面，實是於己有益，是也。因此彼輩主張，大侯爵與其警察，對於此次事變，全無關係；只是內務府人員，當負一切過失之責。此外還有許多人，不知究應加入何派方面：莫斯科總督一派呢？抑內廷大臣一派呢？蓋因彼等尚未十分明悉，究竟皇上方面誰人勢力最大：已寡之皇太后呢？抑 Sergej Alexandrowitsch 大侯爵呢？

最後 遂將此次事變之調查責任，委託當時司法大臣 Nikolai Waleriánowitsch Murawjew 辦理。該司法大臣之調查記錄，乃係一束至今尚屬秘密的特別文件，並藏在余之檔案內面。Murawjew 叙述該項禍變全部以及發生情形，極爲詳盡；但關於過失問題，則彼或者設法避開不提，或者表示一種全係主觀之見解。蓋 N. W. Murawjew 個人之爲司法大臣，係由該大侯爵所庇護。在此以前，彼曾爲莫斯科法庭之檢查官，與大侯爵甚爲接近。

N. W. Murawjew 之奉命調查該項事變，在莫斯科方面，即已認爲大侯爵勢力頗佔優勢之朕兆。惟此項勢力，繼續並不甚久；蓋其後內廷大臣方面之勢力，漸趨强大，並有皇太后 Maria Feodorowna 爲其後援，故也。

因此，復命從新調查，並令舊任司法大臣 Pahlen 伯爵辦理此事。彼該伯爵乃係一位極可尊敬之人，並爲此次加冕大典特置之最高禮官。彼之調查記錄，余未得讀；在官式方面，余亦未嘗接到何等關於此項調查結果之通知。但余却有數次，曾從該伯爵處聞知，彼嘗尋出證據，其重大過失，實在莫斯科警察方面，以及莫斯科官署方面。而非內廷大臣方面。換言之，Pahlen 伯爵係以此事歸罪於莫斯科總督。

在禍變發生不久之後，調查手續尚未結束之時，Pahlen 伯爵一時太不小心，竟向宮中宣稱：此次事變之所由起，卽係嘗以重大位置任命各大侯爵之故。凡各大侯爵身任重職之地，不是時常發生禍變，便是紊亂毫無秩序，云云。因此之故，各大侯爵無不羣起反對 Pahlen 伯爵。

Pahlen 伯爵關於調查結果，曾有詳摺奏呈皇上；而且皇上曾在摺上，加有批語；此事余本習知，但批語內容雖經Pahlen伯爵告余一次，但余現在却已不能記憶。余所知者，只是此項批有皇上硃諭，甚使Pahlen伯爵不樂之奏摺，現藏在 Mitau 附近伯爵邸內之稿件中間。

（增補之文：陛下在 Pahlen 伯爵摺上所下批語，本極恭維；但數日之後，Sergej Alexandrowitsch 大侯爵從莫斯科前來，於是此事完全變更。）

最後，此項死傷如許衆多之事變，乃以警察長 Wlassowski 一人，獨負其責，免職而去了事。由此遂將此事掩飾過去。但在俄國史書之上，尚將繼續流傳下去。

其後 Pahlen 伯爵亦復一時被置閒散地位。但皇上對彼感情，終未變更，不久仍如前此眷愛，一直至於今日。惟自此以後，Pahlen 伯爵不復再得重要差使，而彼之年紀老邁，當亦爲其原因之一也。

至於 N. W. Murawjew 個人，則宦途極爲順利，深蒙 Sergej Alexandrowitsch 大侯爵之庇護，余對此事，以後或將再爲談及。

當五月三十一日 Chodynka 禍變發生之日，法國大使 Montebello 伯

爵（原註：後爲侯爵。）曾有跳舞大會之設。該大使因其夫人之故，十分豪富；同時更因彼之爲人，尤其是彼之夫人爲人，十分漂亮；於是頗受皇室貴族方面之歡迎。該項跳舞大會，預擬大爲鋪張；而且皇帝皇后亦將列席參與。（是日禍變發生之後，）余等終日皆無所知：究竟此項跳舞大會，是否因此禍變停止舉行？抑或照舊舉行？其後聞得，此項跳舞大會並不停止；但大家揣測，皇帝皇后將不赴會列席。

　　到了預定時間，余乃前赴此項大會。同時掌管請願書事務之局長 Dmitrij Sergejewitsch Sipjagin ，以及 Sargej Alexandrowitsch 大侯爵亦到。當余等方纔會見之時，於是乎彼此皆自然而然的談及禍變一事。大侯爵乃言曰：許多人皆勸皇上，轉請（法國）大使將此大會改期舉行；無論如何，皇上自己總不宜前去赴會。但皇上並不贊成斯議。此次禍變，照彼觀察，誠然算是巨大不幸，惟加冕大慶，卻不應因此愁悶減色；所以對於 Chodynka 禍變一事，應該完全置之不理，云云。余聞此語之後，不禁追想中國大政治家（李鴻章）之言；蓋卽是日早晨，余嘗聞之於彼者，是也。

未幾，皇帝皇后駕到。跳舞大會於是開始。皇帝係同 Montebello 伯爵夫人跳舞，皇后則偕 Montebello 伯爵跳舞。惟皇帝不久卽行離開跳舞大會而去。

皇上氣色甚爲不樂。蓋此次禍變，確使彼精神上感受影響不小。假使彼對此間舞會以及其他宴會，一一依照彼之心意行事，則彼當必不如此爲之也。

在莫斯科方面，並曾與日簽訂一種條約。所有關於此項條約之談判，皆由 Lobanow-Rostowski 侯爵擔任。余對此種談判，誠然亦當參與，

但只居次要地位。余以爲此項條約，頗獲勝利。蓋依照該約，俄日兩國在韓勢力，彼此加以畫分；但是俄國方面，却能始終保存其在韓優勢地位。

日本代表對此，頗表示容許。依照該約，我們得有派遣軍事教官，以及數百兵士留駐韓國之權，因此，無論軍事與經濟方面，我們皆佔優勢。蓋我們依據該約，得置一位財政顧問於韓國皇帝之側；而實際上則該顧問實與韓國財政大臣無異。惟俄日在韓勢力，應該彼此對等；日本之在韓國亦與我們一樣，得有設置工廠從事商業之權。所有一切財政利益，凡一方面可以獲得者，他方亦應獲得。故余謂該約甚爲有益，已如上面所言。

因此俄日兩國在韓勢力，遂以確定畫分，而且其時韓國業已宣告獨立自主。蓋在中日戰爭以前，韓國乃係中國自治區域之一，完全立於中國勢力之下；其後中日和約遂認韓國爲獨立自主國家。

在他方面，我們因爲中俄密約之故，（原註：此事已於前章述及。）又曾獲得建築鐵路通過蒙古滿洲以達海參威之權；因而我們從此得有一條頗含重大政治經濟意義之鐵路。但是我們必須特別加以聲明者，尤其是余之個人可以完全自信不疑向人加以聲明者，卽該路決不用作任何侵略慾望之工具，只應作爲東西民族彼此接近之媒介，——物質的與精神的接近。而且只應作爲精神感化之用途，換言之，卽是（歐洲）新文化，基督敎文化，向着黃種民族古舊異敎文化，表示其特別優善超卓而已。

余與李鴻章甚爲友善。彼曾屢次向余言曰：彼以俄國友人資格，甚勸余等，千萬勿要超越路綫，向南而行。因爲倘若我們竟自爲之，則勢將引起華人方面之激動。而普通一般華人對於歐人又未絲毫了解。每見一個白人，無不覦作惡漢。只須錯行一步便可引出極壞可悲之結果，無論對於俄國中國莫不如此，云云。所有李鴻章此項勸戒，對於余之個人，實爲一種贅言。蓋余乃係亞歷山大第三理想之忠實信徒，（原註：亞歷山大第三曾被其子於著名宣言書之中，稱爲『和平創始者』。）始終誠心奉仰和平思想。而且余以爲我們人類如能實踐基督第一戒條：無論何人皆未具有殺傷同類之天賦權利，則基督教義始可獲得實效趨於繁盛之途也。

余之所以記述李鴻章此種動人忠告者，蓋欲由此證明，李鴻章在一切中國政治家內，其優秀傑出爲何如。若由我們歐人視點觀之，則李鴻章乃係一位未受教育沒有文化之人；但自中國文明視點觀之，則李鴻章固係一位富具學識極有文化之人也。

當時皇上，無論在精神方面與心地方面，皆係至爲良善。因此，余若將李氏忠告之言，再行轉達皇上，實屬多事。蓋余深信皇上之視中俄條約，亦復除和平目的外，實無他意。至於該約之所以必須秘密者，並非因為俄國得有築路權利之故；蓋我們於中國為日所敗之後，曾盡力幫助中國，此項權利乃係當然之事，故也。其所以必須秘密者，乃是因為同時結有一種對日防守同盟之故；蓋欲前此日本戰敗中國時所發現之一切情形，以後不至再行產生故也。

第三章　遼東半島之占領

（俄文原本為第九章。）

一八九七年，正值防疫委員會某次開會之際，外交部方面忽然送來已經譯出之特別快電一件，並卽交與外交大臣 Murawjew 伯爵。（譯者按，此人與第二章中之司法大臣同名，但非一人。）該伯爵將電讀後，隨即給余，並表現一種頗受刺激之態。該電之內，乃係德國戰艦業已開到青島港內。（原註：膠洲。）

余讀罷之後，乃向 Murawjew 伯爵言曰：希望此次德人佔領該港一事，或者僅係暫時之舉，不久彼等當仍退去，倘若彼等不去，余相信俄國以及其他列强，必將逼迫彼等退去，云云。

Murawjew 伯爵對余此言，並不加以回答；蓋彼既不願說『是』，亦不願說『否』，故也。此外，余對此項消息之來，完全出於意外，而在該伯爵方面，則似乎不然。

數日之後，此項事變消息遂明白披露。德國外交方面聲稱：德國戰艦之所以開到該港者，係欲由此要求中國賠償刺殺德國教士一事，云云。但是此處令人深覺奇怪者，卽爲此事，竟至於需用如彼重大艦隊；而且該艦隊並派兵登陸，逕將青島佔領。

未幾，（原註：在十一月初旬。）余與其他幾位大臣，接着 Murawjew 伯爵來函，係請余等列席御前會議，討論一種條陳，並由陛下親自主席。

參與此項會議者，計有陸軍大臣 Wannowski，海軍代理大臣 Tyrtow，外交大臣 Murawjew 伯爵，以及余。

該條陳之意係謂，因德人佔領青島之故，此際對於我們，恰是一個良好機會，亦復佔領中國一個海港，或是旅順港口，或是附近該處之大連灣云云。

Murawjew伯爵於是乃發言曰：彼認為此種佔領，或者說對一點，此種據為己有，實是恰合時宜。蓋俄國在太平洋方面，頗需佔有一個港口，而該處兩個海港，（原註：旅順或大連）照其軍事形勢而論，確是極為重要故也，云云。

余反對此議，最為堅決。余謂，我們既已主張中國不應受人侵略；並因保持此項原則之故，乃迫日本退出遼東半島，——而旅順大連亦即屬於此項半島之中。而且我們既與中國訂結對日防守同盟密約，我們負責代華抗禦一切日本侵略慾望。現在我們此類侵奪行動，實為違反條約，達到極點。卽或我們對於上述各種反對理由，暫行不問，而專從自私論點出發，則我們此項行動，無論從日本或中國方面觀之，均將自行陷入十分危險之境。蓋我們中東鐵路現始着手建築，該地對於我們感情極爲良好，但是假如我們一旦佔領旅順或大連，則勢將引起中國反對我們，盡將彼等前此對俄好感，一變而爲惡感，云云。其後余又謂，我們如欲永將佔領之地保住，則其勢非設法使中東鐵路與該地聯絡不可。此外，我們必須再築一條支路，行經滿洲（原註：該地中國人口極繁。）穿過奉天現代中國皇室發祥之地。所有上述種種，將使我們發生無限糾葛，恐將獲得一個最可悲痛之結果。

陸軍大臣 Wannowski 竭力贊助 Murawjew 伯爵之議。該大臣自謂，彼對於重要外交問題，誠然不能加以評斷；但若外交大臣以爲此項行動毫無危險，則彼以陸軍大臣資格，甚贊成佔領旅順或大連之議，云云。

海軍大臣對此問題，並不表示意見。但云：依照彼之見解，假如俄國海軍能在高麗海岸得一港口，以作根據，直與太平洋方面接近，當較爲便利；至於旅順大連之地勢，並非恰如海軍部所希望者，云云。

因余認爲此項行動，乃係一種極爲不祥之舉，勢將得一可怕結局之故，乃與外交陸軍兩大臣，數次激烈辯論。余並謂，無論日本與英國方面對於此事，皆將不能袖手旁觀云云。而 Murawjew 伯爵則謂：彼願對此擔負全責，而且彼相信無論英國與日本方面，皆將不至因此採取何等對抗行動，云云。

余之竭力抗辯，終使皇上贊成余意。（原註：皇上對於余之抗議，雖然心中似乎不以爲然。）於是是日議事記錄之中，乃書陛下對於外交大臣之條陳，未能加以同意，等語。

至於 Murawjew 伯爵之爲人，乃係極爲虛浮，總想隨地皆能顯露頭角。彼之心中嘗覺不甯者，卽在彼接任外交大臣以前，余與 Lobanow-Rostowski侯爵之遠東政策，竟能如此勝利；我們一方面旣獲建築中東鐵路之權，他方面我們在韓勢力復極佔優勢。（原註：對於日本而言。）而其間我們却又贏得中國方面之十分友善關係，同時日本方面亦無敵視我們之情形。蓋日本當時竟能因爲我們之故，安然自願退出遼東半島；而且日本又因我們西比利亞鐵路直達海參威之故，預計必有大益可得，亦復甚爲滿意；蓋該路能使日本更與歐洲列强再爲接近一點，故也。

在那日會議之中，余並曾言曰：余實不能了解此種邏輯：假如德軍開到青島之意，係在佔領該地，而我們對於此舉，若是不以爲然，則我們儘可迫勸德國取消此意；即或德國行動不合道理，並且我們對於德國佔領該地，又復認爲不利；而我們亦不能由此遂下斷案，竟謂我們亦必效尤德國，去作强刼中國之行爲。此外中國與德並非同盟，而與我們却爲盟友。我們曾與中國相約，代彼抗禦外敵，而現在我們自己却忽然將彼土地奪去一塊，云云。數日之後，其時前次議事紀錄，業由皇上批准，余當日因有陳奏之事，往謁皇上，頓覺情形有變。皇上乃向余言曰：『Sergej Juljewitsch，君是否知道，朕已決計佔領旅順大連，並已派遣我們艦隊，隨載陸戰隊伍前往該處，云云。』皇上隨又補言：『朕之所以為此者，蓋因前日會議之後，外交大臣曾來朕處報告：謂英國艦隊現到旅順大連之前巡游；假如我們不佔上述兩處港口，則英國勢將取去，云云。』

此項由 Murawjew 伯爵奏報皇上之消息，其後余由英國大使處探悉，並非確實。英國戰艦誠有數隻前往旅順附近巡行，但其性質，只是對於德國佔領青島之舉，作一示威運動而已。英人方面毫無佔領該處任何港口之意。

皇上對余所言，使余不勝苦惱之至。當余退出皇上御齋以後，遂在前廳之內遇着 Alexander Michailowitsch 大侯爵，彼對於我們戰艦之計畫，似已知之。彼乃開始向余談及此事；但余却不願與之談論，只是言曰：『請殿下記着今日勿忘！殿下當看見此項不祥舉動，將得何等可怕的結果。』

余從皇上處出來，遂由 Zarskoje Selo 方面，直赴德國代理大使 Tschirschky 處。蓋其時 Radolin 侯爵，正在假期之內故也。

余曾與 Tschirschky 晤談。（原註：此君現任德國駐奧大使，當時則爲德國駐俄使館參贊。）余謂彼曰：當德皇從前在此之時，曾向余言道：假如余有事件向彼詢問之處，或者余有意見向彼陳述之處，請余不必羞怯，直由（德國）大使轉達，可也，云云。現在此種機會，可謂業已到臨。所以余甚望彼（譯者按，係指 Tschirschky 大使而言。）轉電德皇：謂余懇切勸彼求彼，（譯者按，均指德皇而言。）無論爲余祖國或彼之祖國計，均望對於處辦青島罪犯一事，（譯者按，當係指曹州凶手而言。）或處以死刑，或要求賠償，皆可依照彼意爲之，惟望彼之戰艦隨卽退開青島而去；否則此種（佔領）行動，勢將引出（他國）其他行動，造成最壞結果，云云。

不到兩日工夫，Tschirschky 遂來余處，並以德皇回電示余。該電係云：『請告 Witte，余從彼之電內看出，彼對於此次事件中之幾項重要情形，尙有未能明悉之處，所以我們不能從彼之勸。』

於是，余乃想起 Alerei Alexandrowitsch 大侯爵向余相告之言；余又想起兩位皇帝在 Peterhof 並駕出游一事；最後，余更想起 Murawjew 伯爵在防疫委員開會之時，那樣沉默情形。

後來 Murawjew 伯爵欲替自己辯明，曾向余言曰：『當時閣下之意，以爲假如我們對於德國行動不以爲然，則儘可迫勸德國取消此舉，而我們自己則不應侵襲中國云云；但是我們對於德國却無從迫勸，蓋因我們前此太不小心，對於德國該項行動，早已表示同意，故也。」

雖然，余既預見此種決議將得不祥結局，於是弗敢放任不管，務必設法促其覺悟。其間余與外交大臣，曾有數次甚爲激烈之爭辯。因此之故，余與 Murawjew 伯爵之關係，極爲緊張寒冷，直至彼死之時。

但是所有一切忠告，結果皆歸無用。蓋外交陸軍兩位大臣如果竭力主張佔領該處港口，以利俄國，而我們幼主又復好大喜功，當然從其所請，此固極爲明顯不待智者而知者也。

當其我們戰艦泊在旅順前面，軍隊猶未上陸之時，余曾與英國大使 O' Connor 德國大使 Radolin 晤談數次。（原註 O' Connor 其後改任君士坦丁方面英國大使，已於數年前死去。Radolin 後來轉任德國駐法大使，現在業已退職；余與 Radolin，個人感情極好。）當 Radolin 假滿歸來之時，特來余處，並詢余，對於此次事變，意見如何。余乃答曰：

「余認爲此次全部事變，乃是一場大大兒戲。但是，可惜此項兒戲，勢將得一最壞結果。』（原註：所謂『兒戲』一語，係指德皇此次行動而言，蓋此次事變，全由德皇引起。）Radolin 竟認爲此種談話，實有電達柏林之必要。究竟 Radolin 之電報措詞如何，余固一無所知，但其結果何如？

凡有外國公使拍與本國政府之密碼電報，一如其他各國通例，暗由我們外部設法譯出。其時翻譯各種密電，往往只有數個密碼，不能譯出，其餘大部分密碼，則皆容易譯出。於是關於余與 Radolin 談話之電報，亦被翻譯出來，並被 Murawjew 伯爵看見。彼竟認爲此事頗有轉奏陛下之必要。過了數日之後，余到陛下那裏，陛下接見余之情形甚爲冷淡。當余辭出之時，陛下乃舉身，並向余言曰：『Sergej Juljeweitsch，朕勸君，如與外國公使談話，稍爲小心一點。』

余當時却未能立刻了悉，究係指着何種談話而言。乃向皇上答曰：「陛下，臣實不知，係指何種談話；臣所知者，只是臣與外國公使談話，實無一次有損陛下或祖國之事。」

皇上對此，未曾加以回答。

當其我們戰艦尚泊旅順前面之時，Murawjew 伯爵曾給我們駐華公使訓令，該使須向中國政府安慰；並謂我們之來，係助中國脫離德人壓迫；倘若德人退走之後，我們亦將隨之退去云云。因此之故，中國方面初時對於我們之來，十分欣慰；而且相信我們約言，竟有數星期之久。但是不久，中國政府卽得彼之駐德公使報告：謂我們係與德國通同一氣爲之，云云。於是中國政府開始對於我們懷疑。

其間陸軍大臣 Wannowski 於正月一日辭去本職，其後任爲陸軍中將 Kuropatkin。因此，在是役開始之時，Kuropatkin 實未參與。余乃希望，新任陸軍大臣 Kuropatkin 當可與余合作，我們仍將退出旅順而去。

當此之時，此間曾召集一種會議，由 Alexei Alexandrowitsch 大侯爵主席，議定我們對華之要求條件。在此會議之中，Kuropatkin 業已列席。

余對於此項全部計畫，仍是始終加以反對。但是並不能獲得 Kuropatkin 之贊助。不但不得贊助而已，而且恰恰相反。蓋 Kuropatkin 之意，倘若我們既向中國要求旅順大連，則我們必須同時盡取遼東半島的關東區域而有之。其論據係以爲，若不如此，則我們倘遇戰爭之時，實無力保衞該項港口，云云。此外，彼並謂，我們必須從速築一中東鐵路支線，直達旅順港口。

Kuropatkin 並不批評我們此項計畫，究竟是好是壞；彼但提出上述（佔領關東全部之）要求條件，認爲一種必然結論而已。後來遂依照此項要求條件，加以議決。

於是余乃利用下次前往冬宮陳奏之機會，特向皇上辭職。至於辭職理由，則係首爲前次皇上向余所下之警告，其次則爲最近各種舉動全與余意相反。

皇上乃向余答曰：彼實不能離余。彼對於余爲財政大臣一事，實係十分信任，關於此層，余當然無所埋怨。（原註：此語一點不錯。蓋余在財政大臣任內，無時不受陛下十分信任。）若就個人品格而論，彼對余極爲尊敬。因此彼實不能准余辭職。並請余照舊服務。至於旅順大連問題，現在業經議決，究竟我們舉動是好是壞，將來總可看見。無論如何，此項問題業已了結，彼實不願再行更改。但求余以後對於此事，仍須盡力助彼，使其順利完成，彼願躬自求余爲之，云云。

其時我們駐華公使 Pawlow，爲 Cassini 之繼任者，乃將我們要求條件，遞交中國。其內容係要求中國，將關東區域以及旅順大連，租與我們，以三十六年爲期。但此種租借實與普通租借不同，蓋無論我們方面或中國方面，均無租金一說，故也。中國政府對於此項要求，係取拒絕態度。

我們戰艦泊於旅順海灣之前，軍隊尚未登陸。初時，中國官廳對待我們水手，極爲客氣；但其後彼等態度漸漸更改，對待我們水手，極爲粗野。

中國攝政皇太后與其幼年皇帝。移居京城附近別墅（頤和園）之內。並在該處接見大臣。伊因爲受了英日外交方面影響之故，對於我們要求，一點也不讓步。

現在余既看見（中國）太后陛下不願讓步，而且如果和平調解不能辦到，則我們軍隊勢將上陸；倘遇抵抗之舉，必將（開戰）流血。至是余乃不能袖手旁觀，特電我們財部代表 Pokotilow，（原註：此君其後被任駐華公使。）請彼往訪李鴻章以及另一大臣張蔭桓。用余名義，勸告彼等，盡力設法接受我們條件；而且事成余願送彼兩人重大禮物，對李贈送五十萬盧布，對張贈送二十五萬盧布，云云。余與華人交涉，而乞靈於賄賂之舉，生平實只有此次一回也。

彼兩人現在看見，割讓關東區域與俄一事，實已無可避免；而且彼等又知，我們戰艦泊在中國海岸，動員既已備就，軍隊更爲不少；於是決計往謁太后，勸其接受俄國條件。

會議多次，太后乃允讓步。余接 Pokotilow 來電：略謂條約當可簽字云云。余遂將此電上奏陛下。因爲陛下對於余之前次（行賄）舉動並不知道之故，於是彼乃在奏札上批道：『朕實不能了解，其故安在。』其後余乃向彼說明，此次中國政府之所以允許簽字者，由余運動使然，現在我們所得成績，乃係我們公使數星期之久，費盡勞力，而未能辦到者。於是皇上乃在電上批道：『眞是太好，好得出人意外。』

該約係於一八九八年三月二十七日，由李鴻章張蔭桓與我們代表共同簽字。

倘使當時中國政府不願讓步，則我們分艦隊與陸戰隊司令 Dubasow 提督，必將奉令佔據關東。而在實際上，此舉極易辦到；蓋旅順要塞有如小孩玩具一般，中國並無兵隊駐紮。

經此種種情形，於是上述不祥條約，乃告成立。其後產出許多惡果，並引起不幸的俄日戰爭，以及國內革命之事。此種强暴侵略，竟將俄華向來友善關係，打成粉碎，並且永遠不能恢復。

此種侵略與其結果，竟使中國成爲今日現象。換言之，竟使中國將成瓦解之勢，舊時中華帝國改爲中華民國，以造成中國內亂之結果。吾人毫無疑義者，卽中國內亂與清室瓦解兩事，當使遠東方面發生極大變化，以致我們與全歐方面，數十年之久，猶可見其影響所及。

此種强力合併關東之舉，——此事情形，觀余上述各節，當可明瞭無遺。——乃是一種萬分卑鄙之行爲。

關於此事之材料，後世歷史學者，可在當時各政治家以及余之文件中尋出。

此事之初因，實爲德皇威廉佔領青島一事。彼對於此事之影響與結果，或者有所不知。但吾人毫無疑義者，卽是彼與德國各外交家，當時確是特別設法，以使我們去作東方冒險行動。蓋彼欲令我們將其全力，一齊轉向遠東方面，以便德國自己東界，得以安甯。此種目的，彼固已經達到。蓋我們因佔關東之故，引起可怕之俄日戰爭，竟使我們深受一場戰敗之恥。

當其俄日戰爭之際，德皇又復以保護我們西陲之責自任；但是並非白做人情。彼在友誼幌子之下，遂與我們結了一種於德十分有利於俄十分不利之通商條約。

當我們方佔關東區域之際，凡在該地享有利益之各國，無不大爲震動；尤以日本英國爲最。於是英國則奪去威海衞港口，日本則提出關於高麗方面之要求條件。

Murawjew 伯爵對於此事，當初顯然未曾料及。蓋彼從前嘗向皇上擔保，一切皆將安然過去，當無波折橫生；而現在彼却不能不向日本英國讓步，以便彼此妥協。

對於英國方面，則由我們明白擔保：如果我們據有旅順，並禁止外國船隻來往，則我們應在該港之旁，另築一個商港，允許一切船隻通行，作爲自由港口。我們既對英國以及全球，發出此種約言，誠然略使當時因爲我們侵略所引起之印象，從此緩和一點。但各國仍未完全安心，尤其是日本方面，尙未心滿意足。因此，我們乃不得不開始退出高麗方面。

因爲我們在加冕大典時節，曾與日本訂約之故，所以我們在韓勢力甚佔優勢。我們可以派遣若干軍隊與教官，留駐韓國。其中尤爲重要者，則爲韓國財權落在我們手中。蓋依據該項俄日條約，余曾爲韓國皇帝置一顧問；而在實際上，則此項顧問，實與韓國財政大臣無異。該顧問爲 Alexejew 君，乃係余之舊日屬員，專司關稅事項。當彼被任韓國顧問之後，竟在短促期中，對於韓國皇帝，具有極大勢力。倘能如此繼續下去，當可盡據韓國財政經濟之權而有之。

我們關東冒險之舉，其在日本方面視之，蓋有如霹靂一聲，於是Murawjew 伯爵，因懼由此將與日本發生軍事衝突之故，乃允日本要求，竟將我們軍隊與教官，由韓撤回；而我們所置韓廷財政顧問Aiexejew亦必隨之而去。因此之故，所有我們在韓之軍事經濟財政勢力，完全喪失，以利日本。

迨到最後，因欲力使日本安心之故，乃於一八九八年四月二十五日，訂結一約。依據此約，我們須將高麗，全聽日本勢力支配。於是日本方面乃得暫時安心。

倘若我們對於此約，無論文字與意義方面，均能堅守不渝，則俄日兩國和平關係，當可長久維持無疑。

余現在再爲一談一八九八年三月二十七日之（旅順大連）條約事件。從此時起，李鴻章因其簽訂此約之故，於是大失國內聲望，遂離向來擔任之最高職位而去：改授中國南方某處督撫。至於其他共同簽字之大臣張蔭桓則在拳亂之際，不知爲何原因，竟由政府遣往中國內地，置諸牢獄之內，並在該處將其刺死，或縊死。其第三位則爲許景澄，乃係一位極可尊敬極爲公正之人，當時曾任駐德駐俄公使，當彼回到北京之際遂將其明正典刑。

所有上述種種事實，皆足以證明中國公衆輿論，對於此種關東條約，其憤激情形爲何如者。

我們既已從事此項冒險行動，於是逼着我們，對於擴充艦隊一事，必須比較從前，特別加以注意。一八九八年四月初間，Alexei Alexandrowitsch 大侯爵遂開始與余接洽：究竟能否在預算之外，再籌一筆特別款項，爲建築戰艦之用；此項造艦計畫，並已由陛下核准，云云。余此時固已明明知道，我們既已到了如此地步，當然須在遠東方面，據有一種相當强大艦隊。因此，余對於該大侯爵所表示之希望，亦遂加以贊成。於是，皇上乃召見余與海軍大將，並同余等討論，究當如何進行。其後議決：於一八九八年預算表之外，再籌九千萬盧布，作爲擴充艦隊之用。皇上對於此項議決，十分滿意；而且對余個人，又復照舊寵愛。因此，三月十六日皇上乃向余特降一道十分慈愛之恩諭，褒獎有加。

從此旅順遂成我們軍港，不准外國船隻出入。此外，我們又因當時英國抗議之故，曾允在旁另開一個巨大商港，准其各國交通，作爲自由港口，云云。當余着手建築此項自由港口之時，乃發生一個問題：究竟我們對於該港，應當何以名之？

因謹遵皇上之教，余乃轉求大學院長 Konstantin Konstantinowitsch 大侯爵，一與院中人員討論；究竟此項新港，應當取一什麽適當名字？該大侯爵之爲人，極爲清高可敬，眞可以稱之爲大侯爵而無愧。其後彼乃寄余一信，擧了若干名字。彼意以爲，或者該港竟以當今皇帝之名名之，稱爲 Serjestonikolajewsk（按卽 St.Nikolajewsk 之意。）或者從「光榮』一字引伸而出，稱爲 Port Slawsja。（按卽『光榮港口』之意。）——或者從『光明』一字拼合而成，譬如『光明瞭望臺』之類。——或者爲尊崇海軍當局 Alexei Alexandrowitsch 大侯爵起見，稱爲 Alexejewsk。

當余再到 Peterhof，有所陳奏之時，於是將此清高大學院長之條陳，恭呈陛下閱覽。其後陛下乃向余問道：「君對此事之意見如何？究應用何名稱？』余遂答曰：『余實未有宏亮佳名，給與該港。因爲只有上帝始知，該港前途命運如何，或者該港能爲俄國光榮之預兆，或者竟爲困難痛苦之原因。所以余遂覺得，對於該港可以隨便取一名稱，但以不含表彰意義爲善。』皇上隨又向余言道：『然則請舉一例，譬如，』余乃忽然想起，忙向皇上答曰：『陛下，譬如該港原名 Talienwan（大連灣），或者我們兵士將他讀錯一點，竟自呼爲 Daljnij．亦未可知，而在實際上，此字意義亦與該地性質相符。蓋 Daljnij 之意，本爲『遼遠』，而該港距離俄國，又復眞正十分遼遠，故也。』皇上對此名稱，甚爲滿意。并言：『朕亦覺得如此，實以 Daljnij 一名爲最善。』

余將預擬之布告進呈皇上。在布告之中，留一空白，以便補塡該港名稱。皇上接過布告，簽名於下；并親在空白之處，塡上 Port Daljnij 名稱。

余在上面曾用簡短之詞，略將我們歷史中甚有趣味甚可悲痛之一頁，敍了一遍。以後記述之中，余或再將此役各種詳情，一爲提及，又余之草錄此稿，乃由速記寫成，一點也未準備；只就余之記憶中尚未忘去者，書之。因此，既不是有統系的，亦不是極詳細的。但可以保證者，卽稿中所言，一切大綱要領，皆係毫無疑義之眞相。余對於一切經過情形，皆以公正無偏本諸良心之筆，照實寫出。

第四章　拳亂與我們的遠東政策

（俄文原本爲第十三章。）

英國仿照我們先例，逕將威海衛佔去，已如前面所述。法國則在中國南方，穩然盤踞。意大利亦持要求條件而至，以迫中國承認。因此，德國以及後來我們，遂在歐洲列强之中，實爲首開惡例之人。

由此種種事變，頓使華人愛國情感大爲激動，其結果則造成所謂拳民運動，是也。

此項運動，首由南部開始，其後蔓延京師，以及北京一帶。其目的在襲擊歐人，毀其產業，危其生命。

中國政府漸漸爲勢所迫，贊成拳黨方面；雖非公然爲之，但暗中却係如此。無論如何，該國政府既無誠意，亦無方法，以壓此項變亂。

當亂事及於北京之際，德國公使遂在該處被刺，因而形勢愈爲緊張。迨到最後，歐人使館區域，竟變成一種被圍狀態。

於是，歐洲列强以及日本方面，互相協商，對於此項亂事，決採共同行動，幷處罰此次肇禍諸人。

關於此事情形，余以後當有機會再爲詳述。現在余所欲談者，只是當其拳亂初起之時，陸軍大臣 Kuropatkin 正在 Don 境內勾留。彼於是立刻回到聖彼得堡，直從車站，逕來財部見余，幷帶着滿臉光輝。

當余向彼言道：『現在君可領受我們佔領關東區域之結果與影響。』彼乃怡然答曰：『余對此項結果，異常滿意。蓋我們由此又可得着機會，佔領滿洲。』

於是，余遂詢彼，彼將用何法佔領滿洲？將是否欲將滿洲，作成俄國一個省份？云云。彼乃向余答道：『否，——但滿洲地方必須弄得略如 Buchara 區域一樣。』

因爲佔領關東半島之故，遂造成下列諸端：

(一)取消我們在韓之勢力。——爲使日本安心起見，於一八九八年四月二十五日，正式結約規定。

(二)破壞俄華密約。按該約係在莫斯科加冕大典時節所訂。

(三)各國開始對華搶刼。彼等以爲，假如俄國可以攫去旅順港口與關東半島，爲什麼我們（按係列强自謂，）不應同樣起而侵略？於是動手佔據各處港口，並用威嚇手段，向華要求各種租借權利。

中國政府初時對於拳民暴動，係採旁觀態度，并不設法禁壓。但其後則暗中開始幫助拳民，於是遂召列强武力干涉之舉。

一九〇〇年六月二十一日外交大臣 Murawjew 伯爵去世。余在前面曾經述過，因爲彼的惡劣遠東政策之故，余與彼極爲不和。吾兩人之交際，只以有關公事者爲限，已無私誼可言。當五月之中及六月初間，中國拳亂大爲猖獗，此即該伯爵遠東政策與夫佔領中國領土之結果。余自始卽知此項政策，必將引出不幸結果。

當歐洲駐京各使陷於被圍之際，Murawjew 伯爵乃於六月二十日，——晚間十點鐘左右——前來余處。余對彼之來，極爲詫異，蓋我們兩人近來，彼此固已不復再作私人拜訪之舉矣。

當時余係僑居避暑山莊，寓在 Jelayin 島上宮內，所謂『騎士齋』之內。余之書房係設在齋內上層。余遂請 Murawjew 到余書房之中，同時財部差役，復送來文件多種，余須加以審閱及簽字。Murawjew 進來以後，乃向余開始攀談，略謂，我們兩人從前因爲佔領旅順大連一事，彼此意見甚爲紛歧。但現在彼（係指 Murawjew 而言，）已察出，當時余之主張或者確是不錯。我們對於該事確實不應如此處置，蓋現在由此惹出如許糾葛，故也。惟現在一切已成既往，大錯已經鑄就；彼願與余重修舊好，並求余與彼合作，竭力助彼施行一切策畫，以對付拳民暴動與北京騷擾之事，云云

余乃向彼言曰：余對現在局面，認爲當然結果。惟吾二人服務同一祖國，共事同一君主，如有必要之時，彼此攜手進行，當然爲余應有之責也。於是 Murawjew 伯爵當面許余，以後彼對余的富有經驗之忠告，當特別較前注意。

此次談話，差不多延到晚間十一點鐘之時。於是彼乃起身，並在出室之時，向余問道：Matilda Iwanowna（原註：余之妻室。）是否在家？余乃答曰：伊在家中。現刻正在下面客廳之內，云云。彼乃下樓而去

。余則向彼略致歉意，未能偕彼下去。於是遂由余之侍役引彼下樓而去。其時余欲將財部送來文件辦理完竣。當余既已辦完之後，——其時已在十二點鐘左右，——乃向樓下而去。當余正下樓梯之際，忽聽得彼與余妻，正在狂笑不已。Murawjew 伯爵係於十點鐘左右，從 Kleinmichel 伯爵夫人處，宴罷而來余寓；該項宴會當然件以相當美酒。迨余方入客廳之內，Murawjew 恰正起身出去，猶自大笑不已。彼並言：彼每到余妻之處，所度時間，總是十分暢快，云云。言畢，隨卽登車而去。

其時余甚口渴，——是日天氣頗熱，——極想水飲。隨手取一巨大酒瓶，以爲其中尙有餘瀝。那知 Murawjew 已將其飲得一點不留。於是余乃向着余妻曰：『Murawjew 伯爵眞是何等福分，倘使余亦如彼，飲盡此瓶，則余明日一定死去無疑。但是對於彼，則簡直不算一回事，飲完一瓶，再來一瓶，彼之灌酒恰有如鵝之灌水一樣。』

次日，卽六月二十一日，淸早余仍如時而起，照例騎遊一遍。余之騎遊，通常由一守界兵士伴隨。迨到一點半鐘或兩點鐘以後，余乃乘歸。正從馬上下來之際，余之侍役遂上前向余言曰：『Murawjew 伯爵業已歸天。』余當時未能立卽領悟其意，乃向彼問道：『汝究竟說些什麼？』彼遂答道：『Murawjew 伯爵已於今晨死去。』

余立刻前赴該伯爵處，彼之屍身臥在床上。據云：彼於早晨起床，往坐棹畔取飲咖啡，其時彼似忽然中風，到地而死，云云。

現在之問題，卽是何人應當繼彼（外交大臣）之任。

其後。余有陳奏之事，往謁陛下。迨奏事旣畢，皇上乃將面朝窗，以背向余，幷發問道『 Sergei Juljewitsch 請君告朕。君當推薦何人繼任外交大臣？』余乃一如向例，答道：『陛下眼中究有何人？』皇上遂言：『幷無一人。』於是余乃答道：『現在首欲問者，卽此項人選，究應屬於何界；或是曾在外交方面服務之人，抑或另外之人。假如此項人選，不必限於外交方面，則余建議，此項外交大臣一職宜以素有勞績而又具有平穩性質之人擔任；或者從老練部臣中選出一位；蓋因此種部臣，雖然對於外交事務不必盡悉，但至少能夠謹愼行事，對於許多十分重要事件，當不至如 Lobanow 侯爵之有時漫不經心，尤其是不至如 Murawjew 伯爵之那樣容易辦理。假如陛下欲在外交界中挑選，則余心中實無一位使臣，足以勝任此項位置，或者只能推薦 Murawjew 伯爵的屬僚 Lamsdorff 伯爵一人而已。蓋 Lamsdorff 伯爵雖未嘗一任使職，但彼平生職務却皆限於外交部中，直可以稱爲外交部中『有足的檔案』。此外，彼之爲人，就其精神能力而論，實是一位甚爲超卓可敬之人。　陛下對於余之推薦，表示同意。於是 Lamsdorff 伯爵首奉代理部務之命，其後被任外交大臣。

Lansdorff 伯爵爲人，本極清正，不過余對彼，却時常責備，彼不應不阻 Murawjew 伯爵佔領旅順之舉，竟使我們全盤湯內參入碎末，以致我們今日猶受哽喉之苦。

余覺得，Lansdorff 伯爵本可設法阻止 Murawjew 不爲。大約彼之所以不阻者，以免與其上司，由此口角，故也。

關於武力干涉中國一舉，我們實居列強之首。最初，英國日本軍艦以及我們海軍提督 Alexejew 所帶戰艦，前往煙台加以攻擊。隨後，由英國海軍提督 S. Seymour 先行向着天津進兵。然後再向北京進行，以解使館將被華人克服之危，

惟 Seymour 與其少數兵隊，頗形單簿；於是決定派遣雄厚兵力，由元帥瓦德西統率前進。但在瓦氏由德取道海路抵華以前，進兵之事却未

停頓；我們實爲首先攻打北京之人。

此事余與 Kuropatkin 兩人之間，又復發生意見衝突。余曾設法游說Kuropatkin ，並嘗竭力懇請陛下，不要攻取北京，我們軍隊不宜派往京中平亂，此事應聽其他列强辦理。

反之，Kuropatkin 則主張，我們對於處罰京中華人以及向京拔隊前進，皆應首先着鞭，居於主要地位。

余曾設法勸諫陛下，我們對於此次事件，不應加以干涉。蓋我們除了滿洲之外，所有北京以及中國其他各地，皆無何等利益存在。我們只應保持滿洲方面之地位，不應故意激動華人。此事儘可聽由其他列强之對於北京方面及中國南部素有利害關係者爲之，云云。但此諫言，未蒙採納。於是竟違外交大臣 Lamsaorff 伯爵以及余之主張，我們軍隊遂在 Linewitsbh 將軍指揮之下，並偕日本軍隊，直向北京進行。

因此，關於處罰中國之舉，遂由我們擔任，我們直向中國侵去。攝政皇太后以及皇帝於是逃出北京，我們遂同日軍佔領該城。並由我們軍隊大施搶刼，以爲攻克之表示，太后宮中搶取一空。

攻下北京以後，處罰華人之舉，不復再爲；只是對於私人財產，時常加以搶掠，尤其是對於宮中珍貴物品，盡量刼取而去。其間令人聞之浩歎者，卽風傳我們將領，關於此種搶掠之事，並未嘗落居他軍將領之後也。此事曾由當時我們財部駐京代表，其後改任駐華公使之 Pokotilow，向余作非公式的報告，加以證明。當其攻下北京之後，未幾，我們又復回到理性行動。因爲余與外交大臣活動之故，我們軍隊遂由北京撤退。向使拳民暴動不復蔓延滿洲境內，則我們此種活動，將得最後勝利無疑。不幸滿洲方面，初時雖只發生一二變故，綁去鐵路職員數人，焚燒鐵路房屋數所，但其後暴動情形，却日益擴大。

當暴動初起之時。Kuropatkin 卽欲立派兵隊到華。換言之，立由Priamur區域，直向滿洲進兵。余曾勸彼良久，勿爲此舉，而在實際上，滿洲方面，其間除了一二輕微變故之外，亦復甚爲平靜。惟我們旣取北京以後，更加以佔領關東半島舊恨，於是滿洲居民對於我們，大加仇視。其情勢之危急，甚至於我自己，亦請速從Priamur區域，派兵前往滿洲。卽就處置此事而論，Kuropatkin 亦復不免輕舉妄動缺乏之眼光。彼之派遣軍隊，不僅是限於 Priamur 區域，並且從歐俄方面調動大宗軍隊，取道海路赴華。余雖向彼陳說：僅就中國現狀而論，只須少數軍隊，已足壓平一切暴動云云；但是彼仍不聽，派遣大批軍隊前往。

當其我們軍隊僅有二三千人開入滿洲以後，雖則彼等行動（指俄國軍隊行動而言，）橫暴不堪，而中國居民却亦忍耐相安，歸於平靜。因此，前由歐俄方面派往之軍隊，旣達旅順大連以後，又復立刻轉身回來。惟由鐵路開到 Priamur 與西比利亞之軍隊，則直入滿洲境內，將其南部北部佔領。

當我們軍隊方入滿洲之際，於是我們方面，關於對華政策立卽分爲兩派。所有路局管理方面與夫一切鐵路職員以及守界護路警隊，皆主張一種和平政策。因爲彼等僑居該處之故，於是熟悉地方情形，竭力設法恢復俄國方面與中國官廳居民方面之友善關係。因此，彼等乃言：向使我們俄國自己，所有對華行動，一一皆合規矩，則中國方面實將永作我們最爲忠實之盟友。所以我們現在須將一切已成之錯誤，加以改正。其中可以稱爲錯誤者，譬如佔領關東半島一事，其結果必須建一支路以達旅順；又如北京方面，我們本無利益可言，而我們却將其攻取佔據。反之，Kuropatkin 則堅持其主張，一如前此拳亂初起之時彼向余欣然相告者；即是我們必須利用此種機會，盡將全部滿洲佔爲己有。換言之，彼所企圖者乃係另自一種計畫，不是和平政策。我們軍隊在華一切行動，極爲橫暴不堪；換言之，一如敵人對待戰敗國家之態度，而且是對待亞洲戰敗國家之態度。

由此種種情形，遂將大禍根苗，從茲種下，其後爆發之舉，實屬不能避免。余與 Lamsdorff 伯爵，設法勸告陛下，撤退滿洲軍隊，恢復佔據關東以前之兩國友善情形。我們並謂：中國方面或者對於此種關東失地之仇，最後亦將表示釋然，只須我們以後不再作此橫暴壓迫種種舉動，云云。反之，Kuropatkin 及其勢力下面之各位軍人，則反對此種意見。彼輩以爲，我們必須利用機會，趁此易於着手之際，盡將滿洲佔據；雖不必竟爲法律上的佔有，却可以認作事實上的佔有。因此之故，彼輩甚望滿洲方面，常有變故發生。

當其北京已經攻下，滿洲發生拳亂之際，最初（滿洲境內）中國方面確有一二形似曾經訓練組織之軍隊，但不久即被我們軍隊打潰。至於拳黨主力所在，則爲奉天省城附近一帶，後來亦被我們小小部分軍隊，在 Subbotitsch 將軍指揮之下，將其打敗。於是 Subbotitsch 將軍遂得一種 Georgskreuz 徽章；而且彼之得此，其重要原因，實由於彼與 Kuropatkin 素有交誼，並已到了彼此相稱以『汝』之程度。

此種微少中國隊伍，既經打敗以後，所有滿洲居民，於是完全歸於安靜。

但是我們軍人方面，只是設法欲得一種口實，以免實行撤退軍隊。於是下列兩派之間，對於此事，不斷的爭論，竟有一年半之久。其一派則爲財政部方面，與夫中東鐵路全體人員，以及外交大臣方面。其他一派則爲陸軍大臣方面，及其屬下軍人之駐紮滿洲境內者。

至於皇上陛下對於此事，則未有一種堅決見解。彼在一方面，並不特別表示，彼對於外交財政兩位大臣之意見，實不贊成。而在他方面，則又往往贊助 Kuropatkin 之主張，而此項主張之最終目的，又係合併滿洲。

此事之所以成此情形者，並非僅因財政外交兩位大臣與（陸軍大臣）Kuropatkin 之間，意見紛歧的原故；乃是其中另有一種特別情形。蓋當我們方正佔據關東半島，以及退出高麗方面，甯讓日本獲得優勢之際，忽然（俄國內部）發生一種新起勢力，一種非官式的，可以稱為部曹以外之勢力，鬧始鼓吹彼之特別政策。

其人名為 Besobrasow，乃係禁衞騎兵聯隊中之退職騎兵大尉。Besobrasow 乃為俄國當時發現的七大冒險星宿之一。其餘諸人則為：Wouljarljski Matjunin，騎兵大尉 Janin 等等，彼輩彼此相異之處，只在所受教育與社會地位兩點；而相同之處，則均爲冒險大家。惟其中 Besobrasow 一人，若就其品格而論，可以算作一位正經人，而其餘諸人則不足以語此。

Besobrasow 爲造成俄日戰爭冒險事業最有關係之人。我們於此，當然發生一種疑問：彼既是一位正經人，何以作此冒險事業？關於此項疑問，最好是由彼之夫人，加以回答。伊因身體健康關係，常在日內瓦勾留。其夫時時前往該處，與伊久聚。

當其陛下在日本戰爭以前，任命 Besobrasow 爲國務秘書之際，於是彼在俄國命運之中，遂開始發生重大關係。斯時，彼乃迎其夫人來此，以便介紹於宮中。而彼之夫人 Besobrasowa，却係一位誠實可愛受過教育之女士，於是大爲作難；並且向人言曰：『余實完全不解，（余夫）Sascha 何以能有如許重大勢力；未必大家均不能察出，彼係一位半癲半狂之人耶?」

Besobrasow 於是開始鼓吹，我們對於高麗，不應加以放棄。當從前我們佔領關東半島之後，我們因欲避免與日立刻衝突起見，雖不得不離開高麗而去，雖不得不正式當衆爲之；但我們現在必須設法，暗將我們在韓勢力，依然回復。換言之，宜用非正式的秘密行動爲之。我們應在高麗方面，籌設各種企業，其表面一如私人經營，而實際上則由政府暗中資助與指揮；其後此項企業當漸漸有如蛛網一般布滿高麗全國。

Besobrasow 將此理想，首先告知 Woronzow-Daschkow 伯爵。其時該伯爵則因無事可做之故，方任聖彼得堡參議會委員之職。又該伯爵當亞歷山大第三卽位之時，曾任統帶御前侍衛一職。當時 Besobrasow 係以少年軍官，隸彼指揮之下，故彼二人因此相識。其後 Besobrasow 又將此項理想，往告大侯爵 Alexander Michailowitsch。

於是該伯爵與該大侯爵，遂將 Besobrasow 介紹於陛下之前；而且該兩人對於 Besobrasow 之理想，極爲贊許。

Woronzow-Daschkow 伯爵之所以贊成此項理想者，完全因彼未能預察此項政策將來結果如何之故。至於大侯爵殿下，則係性喜一切政治冒險行動，以使彼之不靜精神得以暢發，或者使彼得有機會顯露頭角。於是彼等決定設法，以求實現 Besobrasow 之計畫。因此，要求韓國許給各種權利；並派委員前往該國考察，從商業方面，尤其是軍事方面着眼。不過上述種種彼輩皆以極爲幼稚之方法行之。

其後 Besobrasow 漸在陛下方面獲得勢力，於是遂將 Woronzow 伯爵與 Alexander Michailowisch 大侯爵拋在一邊。大約該兩人，其後察出此事，將以不祥而終；甚欲脫身不再過問，故也。

因此，Besobrasow 以後一切行動，可以說是，由彼自己一人負責進行。

所有上述種種情形，日人方面當然完全明瞭。彼等深知：我們在官式方面，誠然曾將高麗委與日本，而暗中却想仍在該地佔得優勢。因此，遂使日本極端反對我們。未幾，極力要求我們撤退滿洲之舉，已不盡在中國方面，而在日本方面；並且英美兩國均爲日本之後援。

當其我們派兵入滿之際，我們曾經大聲宣言曰：我們之所以爲此者，係欲幫助北京政府，剷平拳亂；蓋中國合法政府，無力平定此亂，故也。倘亂事一旦平靜，我們立卽退出滿洲而去，云云。

現在拳亂業已平定，中國政府亦已回京，而我們却坐在滿洲，依然不去。中國政府用盡方法，懇請我們，勸告我們，退出滿洲；而我們却時常尋得口實，不願撤去。

因此中國方面，當然開始對於日本以及其他列强，表示同情。而且此項列强，彷彿專爲中國利益起見，一齊起來要求我們軍隊退出滿洲。關東半島之佔有與滿洲方面之進兵兩事，遂使中國從此完全不再相信我們。

復次，向使我們堅守俄日條約，不在高麗國內，作出許多秘密行動，以冀佔得優勢，則日本方面一定可以安心，不至於極力反對我們。但現在彼既看出，我們實係絲毫不能加以信託之人；我們既將日本逐出遼東半島，而我們却自己據而有之；我們因爲佔有此種半島之故，特與日本訂結（撤出）高麗之約，以爲交換條件，而現在我們却又祕密另尋他種方法以背此約；於是日本方面亦復從此完全不再相信我們。

因此，中國日本美國英國結成一團，反對我們，大家皆不再信我們；而且開始極力要求我們退出滿洲。

既將北京搶掠之後，於是 Linewitsch 將軍因爲取城有功，得 Georgskreuz 徽章，掛在頸上，回到 Priamur 區域，擔任軍團統將之職。回時，行李之外，並由北京帶歸十大箱子，裝滿各種貴重物品。可惜 Linewitsch 將軍此種榜樣，亦爲其他各位軍官所仿照；彼等亦皆攜帶中國各宮各宅之物品而歸。

余之極爲歎惜不已者，卽當時此項箱子由華輸出之時，余實未嘗聞知，向使余早聞知，則余一定下令，折開箱子，將此醜事暴露出來。

當中國皇宮既被搶掠以後，其中各種文件亦被刼去。一日外交大臣 Lamsdorff 伯爵，忽然接到我們駐華公使送來文件一種，係我們軍隊從中國皇宮之內偸出者。該項文件乃是加冕時節余與 Loban w-Rostowski 侯爵同李鴻章所訂之條約正本，其後更由皇帝尼古拉第二與中國皇帝加以批准者。

我們由此可以看出者，卽中國攝政皇太后，對於該約何等重視，竟將其藏在自己臥室特別櫃子之中。當其北京被圍之際，皇太后與皇室全體人員，慌忙迅速離宮，逃出京城而去，因此未將該約攜走。

現在於是發生一個問題：卽我們對於此項條約正本，究應如何處置？Lamsdorff 伯爵特來與余相商。余乃向彼言曰：照余之意，應將該約送還中國。蓋我們雖曾顯然違背該約，但我們却應藉此表示，我們對於該約，仍然不願委棄，仍然希望繼續與華友善。

當然，我們遂將該約寄還中國。但是中國方面却由此從新證明，我們眞是不可信賴，蓋我們雖將該約寄還，（表示好意，）而在滿洲方面，却仍强硬堅持，不肯退去，故也。

中華史地叢書
李鴻章遊俄紀事
1912

作　　者／王光祈　譯
主　　編／劉郁君
美術編輯／鍾　玟

出 版 者／中華書局
發 行 人／張敏君
副總經理／陳又齊
行銷經理／王新君　林文鶯
地　　址／11494 臺北市內湖區舊宗路二段181巷8號5樓
客服專線／02-8797-8396　　　傳　　真／02-8797-8909
網　　址／www.chunghwabook.com.tw
匯款帳號／華南商業銀行　　西湖分行
179-10-002693-1　中華書局股份有限公司

法律顧問／安侯法律事務所
製版印刷／維中科技有限公司　海瑞印刷品有限公司
出版日期／2018年3月台四版
版本備註／據1971年3月台三版復刻重製
定　　價／NTD 200

國家圖書館出版品預行編目（CIP）資料

李鴻章遊俄紀事 / 王光祈譯. — 台四版. —
臺北市 : 中華書局, 2018.03
面 ;　公分. — (中華史地叢書)
ISBN 978-957-8595-20-0(平裝)

1.中俄關係 2.外交史

644.8　　　106024783

版權所有 • 侵權必究
ALL RIGHTS RESERVED
NO.G2022
ISBN 978-957-8595-20-0（平裝）
本書如有缺頁、破損、裝訂錯誤請寄回本公司更換。